मेरे शब्द मेरे जज़्बात

विजेता सिंह

ISBN 979-8886065169

जिंदगी में रास्ता दिखाने का काम एक गुरू करते है।
मेरे पास भी इसे गुरू पारस त्रिवेदी।
मेरे सर ने एक मित्र और पिता की तरह मेरे हुनर को आगे
लाने में मेरी मदद की है।

गुरु ब्रह्मा गुरु विष्णु गुरु देवो महेश्वरा गुरु साक्षात परम ब्रम्ह
तस्मै श्री गुरुवे नमः।

क्रम-सूची

लेखक परिचय

Vijeta Singh

मेरा नाम विजेता देवेंद्र सिंह है मैं बीए प्रथम वर्ष की छात्रा हूं। मेरा जन्म उत्तर प्रदेश के आजमगढ़ जिले के छोटे से गांव माल पार में हुआ है। 1/06/2003। वर्तमान में मैं गुजरात के सूरत जिले के सचिन गांव में रहती हूं। मेरी प्रारंभिक शिक्षा सचिन एक सरकारी स्कूल कनकपुर हिंदी प्राथमिक शाला। मेरी माध्यमिक

शिक्षा सरस्वती हिंदी माध्यमिक स्कूल में हुई। उत्तर माध्यमिक शिक्षा sir vdt girls school (वनिता विश्राम) वर्तमान में सेठ पीटी महिला कॉलेज (वनिता विश्राम)B.A हिंदी प्रथम वर्ष की छात्रा हूं।

बचपन से ही साहित्य में रुचि थी। कक्षा 8में जब मैं तालुका में प्रथम आई कविता लिखने में तो इस क्षेत्र में आगे जाऊंगी ऐसा लगा।

ओहि से मेरी कविता लिखने की यात्रा का आरंभ हुआ। जो तकलीफ और खुशियों को महसूस की उन्हे शब्दो में उतार दी।

मुझे मातृप्रेम और बेटी बचाओ , दहेज इन विषयों में अधिक रुचि है। एक हुनर सब में होता उसे आगे लाने के लिए एक मार्गदर्शक की जरूरत होती है मुझे मेरे गुरु ने मार्गदशक दीया और मेरी माता ने सहयोग दिया ।आज जो भी लिख रही हूं उसका श्रेय मेरी माता को है।

मेरे पिता देवेंद्र सिंह और माता किरन सिंह। आज जितने शब्द है मेरे उनकी बदौलत है । क्या लिखूं आपके लिए आपकी ही लिखावट मैं हूं। मंदिर मस्जिद नही आप जरूरी हो । मां हो तो संसार है मैं ही भगवान है। मातृ पितृ देवो नमः। मातृ पितृ देवो नमः।

1. मेरा देश भारत

ये देश है मेरा इसकी अलग ही कहानी है।

बच्चा बच्चा जानता है।

भारत माता ही हमारी असली रानी है।

सबकी बात नहीं बस जवानों की ही असली जवानी है।

सबकी एक ही जबानी है।

भारत के सैनिकों की ही अमर कहानी है।

जाते है छोड़ घर अपना कोई और नहीं ये वोही सरहद की जवानी है।

ये कोई आम आदमी नही खुदा की तरह करते हैं सुरक्षा हमारी ओ कोई और नहीं सैनिक भाई है।

ये देश नही मां है हमारी।

इसपे कुर्बान जान है हमारी।

इस देश की अलग कहानी है।

भारत माता हमारी असली रानी है।

ये देश बस वीरों की कुर्बानी है।

इसकी अमर कहानी है।

जो बच्चो बच्चो की जुबानी है।

विजेता की जुबानी है ये देश की कहानी है।

भारत माता ही असली रानी है।

2. बेटी

बेटा तो हैं भाग्य से,
बिटिया सौभाग्य से,
फिर क्यों कहते हैं।
बेटा अपना और बिटिया पराई।
लड़के के होने पर कहते बधाई।
फिर क्यों लड़की के होने पर बोले पराई।
ऐसी दुनिया किसने बनाई जहा बेटा अपना और बिटिया
पराई।
एक बार मौका दे कर देखो। नाम ऊंचा करें कि वह कुल
का।
बेटे से कम नहीं है बेटी।
मां कहती बेटी मेरे आंचल का टुकड़ा।।
पिता कहते बोझ है मेरी बिटिया।
भोज इसलिए देना पड़ता दहेज।
बाप बिचारा कहां से लाए दहेज।
लड़के को मिलता हर जगह सम्मान।
फिर लड़की को मिलता हर जगह क्यों अपमान?
उसकी प्यारी सी बूंद सी होती है बेटियां।
तेज धूप हो तो शीतल छांव बनते हैं बेटियां।
लड़का चांद पर जा सकता है तो लड़की भी।
रोशन करता है बेटा घर को तो बेटी भी।
लड़के और लड़की में कुछ फर्क नहीं होता भाई ।
फिर क्यों करते हैं लोग भ्रूण हत्या।

हे प्रभु तू ही लेकर अवतार श्री कृष्ण का आजा इस धरती
पर कह दे
दुनिया को बेटी तो है विश्व की शान।

3. मेरी मां

मां मेरी मां तूने मुझ को जन्म दिया है हर दर्द सह कर।
अपना दूध पिला कर बड़ा किया।
तेरे दूध का कर्ज किया अदा।
तूने मेरी हर छोटी बड़ी गलती को माफ किया।
तूने मुझे पाल पोस कर बड़ा किया ।
कैसे तेरे दूध का कर्ज़ करूं बता तूने मुझे पढ़ा लिखा कर
सब के काबिल बनाया ।
तूने सारा दुख सह कर मुझे हंसाया।
तेरे त्याग को कैसे मैं भूल सकती मां तू तो है।
मेरा संसार मंदिर मस्जिद में नहीं जाऊंगी तेरे चरणों में
जाऊंगी।
तू है तो संसार है मैं हूं भगवान है।
मेरी मां।

4. मेरा गुजरात

मेरा गुजरात मेरा गुजरात ।
मेरा गुजरात जिंदाबाद ।
गुजरात की धरती पर कितने वीर जन्मे और अमर हुए।
ऐसे ही कुछ वीरों में थे हमारे परम पूज्य राष्ट्रपिता गांधी ।

उस गांधी की धरती को करती हूं सलाम ।
मेरा गुजरात जिंदाबाद।
इसे गुजरात की धरती पर जन्मे लोग पुरुष सरदार शिखा
गए सब को एकता का पाठ।
इस धरती को करती हूं सलाम।
मेरा गुजरात जिंदाबाद इस धरती के वह महान प्रधानमंत्री
मोदी जो चला गए बेटी बचाओ बेटी पढ़ाओ और स्वच्छता
का अभियान।
इस धरती के किसान जिंदाबाद ।
मेरा गुजरात जिंदाबाद इसी धरती के है धरती के हैं अंबानी
और अडानी।
धरती पर बनी कितने वीरों की गाथा ऐसा है मेरा गुजरात।

5. प्यारे प्रधानमंत्री

जब से मोदी आए भारत को बढ़ाएं ।
स्वच्छता के लिए नारा लगाए नारे का नाम था स्वच्छ भारत संपन्न भारत।
मोदी नरेंद्र मोदी।
जब से मोदी आए काले धन पर आवाज उठाएं।
उसे बंद कराएं अपने विरोधियों के छक्के छुड़ाए ।
वह मोदी नरेंद्र मोदी।
तुम्हारे आने से हुई भारत की प्रगति।
तुम्हारे विरोधियों की छुट्टी।
तुमने अभिनंदन को वापस लाया अपनी ताकत से पाक को हिलाया।
आप जैसा इंसान बने भारत का प्रधान ।
आपने किया अच्छा काम तो भारत का हुआ नाम।
आपने गांधीजी का सपना अपना बनाया उसे आगे बढ़ाने के लिए आपने झाड़ू उठाया।

6. मेरे पापा

पापा मेरे कितने प्यारे।
आप जैसा दूजा ना कोई ।
आप मेरे बचपन का खिलौना बन कर मेरे साथ खेले ।
पापा मेरे कितने प्यारे।
आप हो मेरे प्यारे पापा आप लाखों में एक हो।
मेरे लिए छांव बन के मेरे पापा ।
जब कोई दुख मेरे पास आया आप उस से लिपटे ।
मेरी चीख सुनकर आप दौड़े आते मेरे पापा। मेरे लिए डॉक्टर बनते मेरे पापा ।
दिन रात मेहनत कर कर मुझे पढ़ाते ।
खुद आधा पेट खाकर मुझे हंसाते। मेरे पापा।।
दुनिया का पता नहीं लेकिन मेरी हर छोटी बड़ी गलती को माफ करते मेरे पापा ।
हर वक्त मेरे साथ खड़ा होते मेरे पापा।
साइकिल सिखाते सिखाते मेरे पीछे दौड़ते हैं मेरे पापा और मुझसे आसमान में उड़ने की बात करते मेरे पापा।
बेटी नहीं तू बेटा है मेरा आज नहीं तो कल कुछ जरूर करेगी ऐसा कहते मेरे पापा।

7. गुरु

मां ने जन्म दिया पिता ने की रक्षा गुरु से मिला ज्ञान वह सच्चा।

गुरु ने हमें निर्भय बनाया हमें कच्चे से पक्का।

अपने गुरु को करती हूं नमन गुरु ने दिया संसार के संस्कार।

गुरु ने बात विलाप सिखाया।

गुरु ने पढ़ा के काबिल बनाया।

गुरु ने हमें आगे बढ़ाया। हे प्रभु इस गुरु का जो करें बहिष्कार उससे छीन लेना उसकी जुबान।

गुरु देते हैं शिक्षा और ज्ञान।

उनकी वजह से शायद हम भी कभी बने महान।

क्या लिखू उस ग्रुप में जिसने मुझे लिखना सिखाया।

क्या बताऊं उस गुरु के बारे में जिसने मेरी पहचान को बनाया।

खुद अंधेरे में रहकर एक दिए की तरह सभी जगह उजाला किया वह गुरु।

गुरु की देन है यह कविता।

कहती हूं एक बात गुरु आप जैसा ना कोई ना आप के समान आप दुनिया में सबसे महान।

8. धन है मां

समुंद्र की मौज मस्ती का नाम है मां ।
बच्चों की सर्वश्रेष्ठ धन है मां।
लाखो करें यात्रा पूजा घर में रहे उत्तम तीर्थ है मां।
रोज जगाए सुनाएं और पोषण करें प्रेम की सुगंधित पुष्प है मां।
दुख सहे सुख दे वह है मां।
ज्ञान का भंडार है मां। चारों धाम है मां।
बात बात में गुस्सा हो तो मना ले मां।
स्नेह रूपी ग्रंथ का बोध है मां।
उनसे पूछो जिनकी मां नही है।
जीवन का एक आधार है मां।
खुद दुख सहकर बच्चो को हसाये वह है मां।
जिन्दगी का दूसरा नाम है मां। प्यार का पहला शब्द है मां।
शब्द का अर्थ है मां।

9. जिंदगी

सूरज की पहली किरण है जिंदगी।
चांद की चांदनी है जिंदगी।
फूलों के अंदर की खुशबू है जिंदगी।
उसकी प्यारी सी बूंद है जिंदगी।
उसकी दोस्ती है जिंदगी। अंधेरे में उजाला है जिंदगी।
कवियों की कविता है जिंदगी। खो खो की कहानी है जिंदगी।
घायलों की चोट है जिंदगी।
बाबू की दुनिया है जिंदगी।
किसे पता कितने समय की है जिंदगी बस आंखों की एक
पलक है जिंदगी।
दिल की धड़कन है जिंदगी।
आंसुओं की अक्सर इलाज है जिंदगी ।
प्यार का पहला शब्द है जिंदगी।
कुछ लोगों के लिए बेवफा है जिंदगी।
मेरे लिए मेरी मम्मी है जिंदगी।
मां की दी हुई है जिंदगी।
नहीं मांगती हूं वरदान जिंदगी जीना कर दे आसान ताकि
मां तेरे चरणों में रखो सारा जहान।

10. विजेता के दोहे

1. जलद दिया कहे लोगन से सुन लो मेरी बात जब तक हुए अंधेरा तब तक ही मोहे जलाए जब हुए उजियारा तब मुझे बुलाए इस मानस की जाता

2. पानी कहे लोगों से सुन लो मेरी बात आज कर रहे मुझे बर्बाद भविष्य में रोवे तुम रो लाल।

3. रोती रोती मां बोले सुन ले मेरे लाल आज रुलाए तो मुझे कल ना हो तेरा मेरे जैसा हाल।

4. बाप की पगड़ी बोली बेटी से दे दूंगा मैं तुझे आजादी आज पर सुन बेटी तेरा बीए फर्स्ट तू रखना मेरी लाज।

5. मंदिर में बैठी मुहूर्त बोली मुझे ना चढ़ावा चढ़ा ओ मेरे ही द्वार पर बैठे भूखे मेरे बच्चों को खिलाओ।

6. बेटी बोली बात से सुन लो पापा मेरी बात रखूगी हमेशा लाज आपकी पहले मुझे बेटे जैसा बनाओ।

7. शिवरात्रि में भोले शिव लिंग क्यों करो पत्थर पर दूध बर्बाद करना हो खुश मुझे तो वही दूध गरीबन को पिलाओ।

8. दीपक है लोगों से जैसे मैं चलूं तो पहले प्रकाश वैसे ही

तुम करो मनुष्य का कल्याण।

11. मेरा बचपन।

सोने से पहले मम्मी की लोरी ओ था मेरा बचपन।
पापा की पीठ पर उन्हें घोड़ा बनाना वह था मेरा बचपन।
फल का बीज पेट में जाए तो पेड़ सूख जाएगा वह सोचना
था मेरा बचपन।
इसमें कागज की नाव के साथ खेलना था मेरा बचपन।
पहली गलती चप्पल उल्टा पहनना था मेरा बचपन।
बिना किसी टेंशन के सारा दिन खेलना था बचपन।
मम्मी पूजा करती तो नजर सिर्फ प्रसाद पर वह था मेरा
बचपन।
दादी की डांट दादा का प्यार बहुत था मेरा बचपन।
दूसरों के पेड़ से आम चोरी करके खाना था मेरा बचपन।
मम्मी के आंचल में छुप दुल्हन बनना था मेरा बचपन।
शर्ट में हाथ छुपाकर कहना मेरा हाथ कट गया वह था मेरा
बचपन।
ऊंट को देखकर साथ ताली बजाना वह था मेरा बचपन।
दोस्तों से छोटी-छोटी बात पर कट्टी हो जाना वह था मेरा
बचपन।
चूर्ण खाके जी बिलाल करना वह था मेरा बचपन।
भाई को मारकर खुद रोना और अपनी गलती छुपा ना वह
था मेरा बचपन।
मम्मी का चप्पल पहन कर भाग जाना वह था मेरा बचपन।
सुई का नाम सुनकर दवा खा लेना वह था मेरा बचपन।
पेड़ पर झूला लगाकर खेलना वह था मेरा बचपन।

मेरे बचपन की यही कहानी हर दोस्त को समझ जाए विजेता की ज़ुबानी है।

12. कोरोन की बिदाई।

क्या बताऊं कोरोना पर ख्याल। ।
देश का हो गया है बहुत ही बुरा हाल।
कुछ लोग करवा रहे हैं पूजा पाठ।
बहुत लोगों ने गवा दी अपनी जान।
लेकिन अभी तक निकल नहीं पाया कोरोना का समाधान
2 साल पहले बन कर आया था मेहमान।
अब तो कह रहे हैं सब एक ही बात चले जाओ छोड़कर हमारी जान।
निशान हो गया है पूरा हिंदुस्तान।
करुणा ने एक काम कर दिखाया।
लड़कियों के होठों से लिपस्टिक को ही हटाया।
डॉक्टर और पुलिस से हार्ड वर्क कराया।
फिर भी करो ना को चैन नहीं आया।
पत्नी को साथ में रहना सिखाया।
तो कहीं लॉंग डिस्टेंस रिलेशनशिप में प्यार बढ़ाया।
करुणा ने दिखा दिया अपना कमाल।
अब तो चले जाओ छोड़कर हमारा हिंदुस्तान।
मास्क को हमारा फैशन बनाया।
पूरी हो गई कोरोना की कार्यवाही।
अब तो करनी है कोरोना की विदाई।

13. जिंदगी की कहानी

जिंदगी की कहानी है हर मोड़ पर एक नई मुसीबत आनी है।

लोगों का काम है कहना पर हमें दिल में उम्मीद की किरण जगानी है।

कमियां आसानी से दिख जाती है इन्हें।

खूबियां जैसे रद्दी के भाव बिक जाने हैं।

क्योंकि है नई कहानियां अच्छे कामों की हिस्ट्री तो जैसे पुरानी है

लड़कों को मिलती आजादी है।

लड़कियों को अपनी जिंदगी उलझन में बितानी है।

लड़कों पर ना होते सवाल कभी लड़कियों को तो पूरी जिंदगी मान मर्यादा में बितानी है।

लड़की घर से निकली तो इतना बड़ा बवाल।

लड़के के घूमने पर कभी ना सवाल।

लड़का है घर का चिराग।

लड़की जैसे समस्या है यार। मुझे इस उलझन उसे अपनी जिंदगी बचानी है।

इन दो कौड़ी के लोगों की बात दिल पर नहीं लगानी है।

घर से लेकर बाहर के लोगों का काम है कहना।

इन लोगों की बातों को छोड़कर दुनिया में अपनी अलग पहचान बनानी है।

जो लोग कह रहें हैं मुझे बेकार कुछ साल बाद उन्हें हमसे मिलने के लिए लाइन लगानी है।

14. बेटी एक नया अवतार

समझ नहीं पाऊ मैं एक बात ।

क्या आज भी बेटी नहीं हुई है आजाद? हो रही है चांद पर रहने की बात।

पहले धरती पर पल है रहे राक्षसों का तो कर दो सर्वनाश ।

खुद के बेटी है अपना परिवार ।

दूसरों के बेटी को गलत नजर से क्यों देखता है इन्सान।

बदलना है तो पहले बदलो लोगों की सोच ,नहीं तो कल की सुर्खियों में होगा यह समाचार।

हुई प्रियंका और निर्भया जैसी एक और बेटी की जिंदगी बर्बाद।

दिवाली में करता है लक्ष्मी की पूजा इंसान।

सुनसान रोड पर चल रही बेटी को देखकर क्यों बन जाता है हैवान।

रोड पर थी अकेली ओ बेटी पीछे से आए चार हैवान नोच लिया उसे ना छोड़ी उसकी लाश ।

आज हुआ है प्रियंका के साथ कल होगा शायद आपकी बेटी का भी यही हाल ।

बेटियों को अब तो कर दो आजाद कब तक डर के जीती रहेगी हर मां बाप की औलाद।

लेना पड़ेगा बेटियों को ही काली का अवतार।

अब नहीं होगी प्रियंका जैसी कोई भी बेटी की जिंदगी बर्बाद ।

कब तक हम प्रियंका जैसी बेटी की मौत पर शोक मनाएंगे।

अब तो हम बंदूक उठाएंगे।
विजेता का कहना है बस एक बात अब नहीं करेंगे उन हेवानो को माफ जो करते हैं हम मासूम बेटियों की जिंदगी बर्बाद।

विजेता सिंह

15. प्रेम

प्यार नहीं होता आसान ।
दुनिया की नजर में बदनाम ।
प्यार की राह पर चलता जो राही।
उसे भूलनी पड़ती दुनिया की नीति भाई।
दुनिया की नजर में हुए जुदा। पर दिल से दिल का रिश्ता
बंधा रखा।
लोग कहते हैं इनकी नहीं इज्जत।
प्रेमी कहते प्रेम हमारी इबादत।
लोग कहते हीर रांझा लैला मजनू भी हुए जुदा ।
वो प्रीमी द कहते हमारे किस प्रकार गवाह खुदा ।
प्यार को दुनिया करती बदनाम इसलिए प्रेमी को ना प्रथम
कुर्बान।
विजेता का कहना है कि बात प्रेमका अच्छर ढाई है इसलिए
दुनिया इसे समझ नहीं पाए।

16. आजादी दो मुझे।

कैसे लोगों को समझाऊ।
बेटी हूं इस बात से क्यों घबराऊ ।

क्यों मुझे आगे नहीं बढ़ने देते पापा।
बेटी हूं बेटा नहीं इस बात को हर बार मुझको बताते पापा।
सुनो ना मेरी बात घर में नहीं आसमान में उड़ने दो ना एक रात।
मैं भी देखना चाहती हूं दुनिया। ।
क्यों मुझ से बना रहे हो तुम दूरियां।
स्कूल में तो पढ़ा दिया कॉलेज जाने का मौका दो ना पापा।

पापा अब मुझे करना है कुछ काम।
क्यों तुम मुझे सुनाते हो हर पल ससुराल का नाम।
बचपन से आज तक कैद करके रखा मुझे।
अब तो आजादी दो ना मुझे।

एक पेड़ को अपने घर में रखा 25 साल, आज उसका बदल रहे हो आप स्थान।
जानती हूं मैं बेटी हूं।
आजादी की हूं मैं भी हकदार।
विश्वास फिर भी आज क्यों खेत इस देश की बेटी यार।
पल्खी होने घर में रखते हैं लोग।
एसबीआई को क्यों चूल्हे में जलाते है लोग।

करूंगी पूरा 1 दिन में अपना सपना उड़ूंगी मैं भी खुले आसमान में जैसे है मुझको उड़ना।

17. महावारी (पीरियड्स)

किसी तारीख को अकेले रह जाती हु।
सबकी पूछने पर पेट में थोड़ा सा दर्द है कहती हूं।
कोई देख ना ले पीछे लगे दाग को इसलिए घबराती हूं।
कुछ दिन तक तो घर के बाहर भी नहीं जाती हु।
मां कहती है चुपचाप कमरे में रहना भाई भी तेरा बड़ा है
एक बात बताओ मैं क्यों घबराना इससे जब यह हर लड़की
के साथ ही होता है।
क्यों डरना और घबराना इससे यह कोई श्राप थोड़ी है।
लाल रंग दी है मां कोई पाप थोड़ी है।
स्कूल में पढ़ते समय सिर्फ कपड़े पर ध्यान देना।
गलती से लाल रंग दिख जाए तो लड़कों से मजाक बना।
लाल रंग में ही लाया हम सबको है ।
फिर क्यों इस लाल रंग के दाग को ही छुपाना।
लड़कियों को लक्ष्मी कहते हो।
बताओ 7 दिन तक हम लक्ष्मी के लिए मंदिर के द्वार क्यों
बंद रखते हो।
कल को भाई की शादी होगी भाई की बीवी बेटी को भी
आएगा तब तक है इसे छिपाना।
लाल रंग खराब नहीं है इस लाल रंग से ही घर में लाल की
किलकारी आएगी।

18. भारतीय सेना

आज चैन की नींद सो रहे हैं हम घर में।
जितने वीर सपूतों का है बलिदान इस देश में।
हम तो मुंह से कह देते हैं हमें प्यार है अपने वतन से।
मां से पूछो जिनकी बेटी चले गए हैं फौज में अपनी मां के पास छुट्टी।
सरहद पर लड़ रहे हैं भारत मां के सपूत।
हम तो अभी तक खोए हुए हैं सोशल मीडिया में।
मां की करो इज्जत।
जिन्होंने 9 महीने अपनी कोख में रहकर देश के खातिर खोया है लाल अपना।
उन मां को सलाम।
के बेटे लड़ रहे हैं सरहद पर हर शाम।
उन शहीदों की पत्नी का क्या हुआ होगा हाल।
जिनकी शादी को नहीं हुआ था एक भी साल।
कैसे जिएगी वह मां।
जिसने खोया है जवान बेटा अपना।
सरहद पर लड़ते लड़ते शहीद हुए होंगे कितने मां के लाल।
अनगिनत गोलियां खाकर भी रखी होगी अपने देश की लाज।
जीता तो कहेगी बस एक बात भारतीय सेना में जाना आसान नहीं।
होकर करें देश की सेवा हर इंसान में इतनी जान नहीं।
उन वीर सपूतों को बारंबार प्रणाम।

जिनकी वजह से रात में चैन की नींद ले रहा है पूरा हिंदुस्तान।

19. पेड़

हवा के झोंकों को बुलाता है पेड़।
के सूखी धरती को महका ता है पेड़।
अशुद्ध हवाओं को शुद्ध कर कर हम तक पहुंचाता है पेड़।

धूप में से आने वालों के लिए शीतल छांव बनता है पेड़।
बीमार पड़ने पर दवा का काम करता है पेड़।
भूख लगने पर फिट भी भरता है पेड़।
मनुष्य ने कारखानों का करके विकास कर दिया पेड़ का विनाश।
दुनिया में बनानी हो अपनी पहचान तो पहले बचाओ पेड़ की जान
पेड़ की है यही पहचान करता है वह जल का निर्माण।
भगवान ने पेड़ को नहीं बे जुबान शायद इसलिए मानो उसे करता है कुर्बान।
रुक कर कहता है पेड़ बचा लो जान मेरी
मैं हूं तो है सुनहरे भविष्य की चाबी तुम्हारी
विजेता का कहना आपको मिला है पेड़ का वरदान बचा लो उसकी जान तो शायद भविष्य में बन जाए आपकी पहचान।

20. जिंदगी की ओर विधालय का दौर।

5 साल की उम्र में जहां बिताया सबसे ज्यादा वक्त।

मार खाई फिर भी दूसरे दिन आई।

सोच को मिली उड़ान नहीं।

ही अक्षर से पूरी किताब के ज्ञान को समझी।

लाख गलतियां की पर ना पछताई।

घर गलतियों से मिली सीख नई।

दुनिया को समझना लोगों को पहचानना बड़ों का आदर करना उस जगह से यह मैं काबिल बनी।

अनेक शिक्षकों से अनेक गुण पाए। सही में विद्यालय की परिभाषा में आप समझ पाई।

शिक्षकों से मिली सोच नई।

हर काम आपसे हो पाएगा बसे सोचो मेरे अलावा कर कौन पाएगा।

शिक्षकों ने बताई मुझे सपनों की सच्चाई।

सपनों की राह में नहीं है ज्यादा गहराई।

अनोखी राम मेरे पैरों के नीचे ही पड़ी।

उन तक पहुंचने के लिए में शिक्षकों के द्वारा काबिल बनी।

विजेता तू समझ गई एक बात विद्यालय से ही होता है हम बच्चों का विकास।

21. सच्चा प्यार मां

जब भी खोलू में मुंह मेरा।
मुंह से निकले मां नाम तेरा।
जब भी लगे चोट मुझे।
उसका एहसास हो तुम्हें। मां के साथ दुनिया रंगीन है।
मां के बिना सब गमगीन है।
माने तू मेरी जिंदगी बना दी।
काश मेरी जिंदगी आप के काम आए।
आपके चेहरे का नूर कभी न जाए।
क्योंकि मां से ही तो हम आए।
खिलाई अपने हाथ से रोटी मुझे।
काश मेरी जिंदगी मां के काम आए आप मेरे बचपन का खिलौना बनी।
काश मैं आपके बुढ़ापे की लाठी बन जाऊं बचपन में आप ने पकड़ा हाथ मेरा।
बुढ़ापे में मैंने छोड़ूंगी हाथ आपका।
विजेता कहेगी अपनी मां से एक बात पहले मां की पूजा फिर भगवान दूजा।
वक्त रहते ही रख लो मां का प्यार दोबारा नहीं मिल पाएगा इनका साथ।
निस्वार्थ और सच्चे प्यार की पहचान है मां।
सुकून का दूसरा नाम है मां।